Le Hockey

Tout ce que vous avez toujours désiré savoir sur notre sport national!

info@lesmalins.ca

Éditeur : Marc-André Audet
Correcteurs : Pierre-Yves Villeneuve et Chantale Genet
Conception graphique et montage : Energik Communications
Crédit photos couverture : fstockfoto / Shutterstock.com, Sandra A. Dunlap/Shutterstock.com
Christopher Halloran / Shutterstock.com, Paul McKinnon / Shutterstock.com,
Sven Hoppe / Shutterstock.com, Ryan Morgan / Shutterstock.com

Dépôt légal – Bibliothèque et Archives nationales du Québec, 2014
Dépôt légal – Bibliothèque et Archives Canada, 2014

ISBN : 978-2-89657-152-9

Imprimé en Chine

Nous reconnaissons l'aide financière du gouvernement du Canada
par l'entremise du Fonds du livre du Canada pour nos activités d'édition.

Les éditions Les Malins inc.
H2G 2R6

Auteur : Mario Allard

Mario et son frère François avec Mario Lemieux dans le vestiaire du Forum en 1988

Crédit : Alain Allard

Le Hockey

Tout ce que vous avez toujours désiré savoir sur notre sport national !

Le hockey

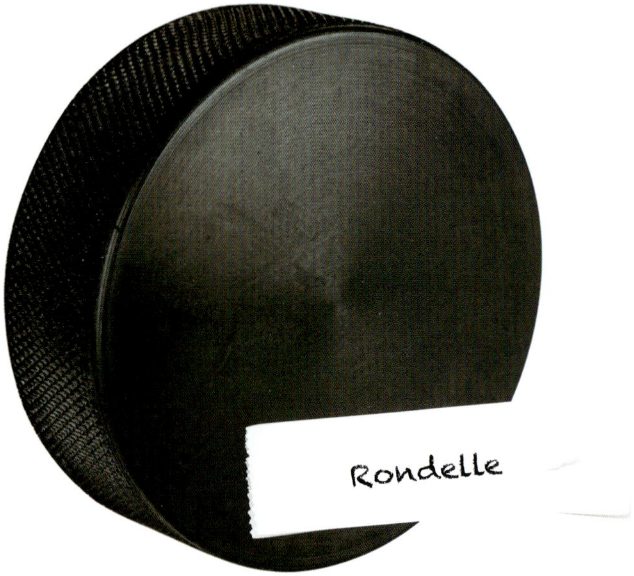

- Le hockey sur glace se joue sur une patinoire où chaque équipe est composée de six joueurs qui sont équipés de patins à glace : un gardien, deux défenseurs et trois attaquants.

- L'objectif est de marquer des buts en envoyant un disque de caoutchouc, appelé « rondelle », à l'intérieur du but adverse situé à une extrémité de la patinoire. Les joueurs se déplacent en patins à glace et manipulent la rondelle à l'aide d'un bâton de hockey.

- Le jeu contient une panoplie de règlements et ceux-ci sont mis en application par les arbitres présents sur la patinoire.

- Il est considéré comme le sport collectif le plus rapide au monde et il est le sport le plus populaire au Canada.

Gardien de but

Crédit : Isantilli/Shutterstock.com

Un peu d'histoire

- Entre 1825 et 1859, le hockey était joué avec une balle. Ce n'est qu'en 1860, sur le port de Kingston, que le premier match de hockey avec une rondelle fut joué.

- Le développement du jeu moderne du hockey sur glace eut lieu à Montréal, au Canada. Le premier match réglementé fut joué au Victoria Skating Rink à Montréal en 1875. Quelques années plus tard, en 1877, des étudiants de l'Université McGill rédigèrent sept règles de jeu. Le McGill University Hockey Club, première équipe de hockey sur glace, fut fondé en 1880.

- En 1888, le nouveau gouverneur du Canada, Lord Stanley, créa un trophée pour récompenser la meilleure équipe du tournoi de hockey du Carnaval d'hiver de Montréal.

Des Irlandais jouent au Hurling

Crédit : Sandra A. Dunlap/Shutterstock.com

Plusieurs jeux nécessitant un bâton furent introduits en Amérique du Nord par l'arrivée d'immigrants européens. Les Anglais jouaient au *bandy* et les Irlandais au *hurling*, pendant que les Écossais appelaient ce jeu le *shinty* et les Américains le *ice polo*.

Un peu d'histoire (suite)

Crédit : Ryan Morgan/Shutterstock.com

- Le hockey sur glace gagne en popularité et **traverse les frontières du Canada.** Le premier match de hockey aux États-Unis fut joué en 1893 entre l'Université Yale et l'Université Johns-Hopkins. Peu après, la Ligue américaine amateur de hockey fut créée en 1896, à New York.

- En Europe, la Fédération internationale de hockey sur glace (**FIHG**) est créée en 1909. Avec l'initiative de Louis Magnus, des représentants de la Suisse, de la Belgique, de la France et de la Grande-Bretagne se rencontrent afin d'arriver à un consensus sur les règles du hockey sur glace. La FIHG compte aujourd'hui 63 pays.

- **En 1909, la plus vieille équipe encore existante aujourd'hui est fondée : le Club de hockey le Canadien de Montréal**.

En 1917, la Ligue nationale de hockey (LNH) voit le jour à l'hôtel Windsor, à Montréal, après une rencontre entre les représentants de la défunte Association nationale de hockey. Celle-ci regroupait des équipes canadiennes du Québec et de l'Ontario.

Le jeu

Le gardien des Rangers de New York effectue un arrêt contre John Madden des Devils du New Jersey dans un match de la LNH.

Crédit : Sven Hoppe / Shutterstock.com

Une ligne d'attaquants des Bulldogs de Hamilton, club-école des Canadiens de Montréal, se prépare pour une mise en jeu.

Crédit : Matthew Jacques / Shutterstock.com

- Un match dure **3 périodes de 20 minutes** de jeu chacune. En cas d'égalité à la fin du temps réglementaire, la procédure varie selon la ligue. Dans la Ligue nationale de hockey, le match se poursuit avec une période de cinq minutes de prolongation suivie d'une séance de tirs de barrage, appelée aussi «fusillade».

- **Les deux règles majeures limitant le mouvement de la rondelle sont le hors-jeu et le dégagement interdit**. Le hors-jeu a lieu lorsqu'un joueur pénètre en territoire offensif avant le porteur de la rondelle. Le dégagement interdit est signalé lorsqu'un joueur dégage son territoire en lançant la rondelle dans la zone offensive sans avoir quitté son territoire.

Une équipe de hockey compte une **vingtaine de joueurs** : quatre lignes d'attaquants, trois paires de défenseurs et deux gardiens de but. Les changements de ligne des attaquants et des défenseurs peuvent intervenir durant le jeu et lors des arrêts de jeu. Le gardien est utilisé pour la partie entière, mais le changement de gardien est autorisé. Toutefois, il faut attendre un arrêt de jeu pour faire ce changement.

Crédit : Sven Hoppe / Shutterstock.com

La patinoire

Mise au jeu donnée lors d'un match de la LNH entre les Oilers d'Edmonton et les Coyotes de Phoenix

- **Les patinoires sont toutes rectangulaires, mais deux types de tailles existent**. Celles suivant les spécifications de la Fédération internationale de hockey sur glace ont 61 mètres de long et 30 mètres de large, tandis que celles de la Ligue nationale de hockey (LNH), où évoluent les hockeyeurs professionnels nord-américains, ont 61 mètres de long et 26 de large, permettant un jeu plus rapide.

- La patinoire est **divisée en trois zones** qui sont délimitées par deux lignes bleues : deux zones d'extrémité et la zone neutre. Les zones d'extrémité se nomment zone offensive ou zone défensive, dépendamment de notre position. La ligne rouge centrale divise la patinoire en deux et sert à juger les dégagements interdits.

- Il y a **9 points d'engagement de 30 centimètres de diamètre** où se déroulent les mises en jeu, moment où un joueur de chaque équipe essaie de prendre possession de la rondelle lorsque l'arbitre ou les juges de ligne déposent celle-ci. Il y a deux points dans chaque zone d'extrémité, quatre dans la zone centrale et un au centre de la patinoire, où se déroulent les mises en jeu au début des périodes et lorsqu'une équipe vient de marquer un but.

Patinoire dans un aréna en Russie

La bande et les baies vitrées entourant la glace permettent de **garder la rondelle à l'intérieur de la patinoire**. Lorsque l'action s'arrête, le jeu reprend toujours par une mise au jeu.

Les pénalités

Crédit : Eric Fahrner / Shutterstock.com

Crédit : EMatthew Jacques / Shutterstock.com

- **Une pénalité est une punition donnée par l'arbitre à un joueur lorsqu'il commet un geste contraire au règlement**. Lors d'une pénalité, le joueur se rend au banc de pénalité pour deux minutes dans le cas d'une pénalité mineure et cinq minutes dans le cas d'une pénalité majeure.

- La pénalité majeure sanctionne sévèrement le joueur ayant causé des blessures ou ayant commis un geste dangereux.

- Lors d'une pénalité, les équipes évoluent respectivement en avantage et en désavantage numérique. L'équipe dont le joueur est au banc des pénalités évolue en désavantage numérique et est en mode défensif. Il peut y avoir plusieurs pénalités décernées simultanément.

Il y a plusieurs types de pénalités mineures. Les plus courantes sont le **cinglage, l'accrochage, l'obstruction,** avoir retenu un joueur ou le bâton de l'adversaire, avoir fait trébucher et rudesse.

Un joueur qui sera puni pour accrochage

Crédit : Eric Fahrner / Shutterstock.com

Les pénalités (suite)

Crédit : Eric Fahrner / Shutterstock.com

Les Flyers de Philadelphie de la LNH sont en supériorité numérique face aux Rangers de New York.

Une équipe se défend en infériorité numérique.

Crédit :katatonia82 / Shutterstock.com

- L'équipe qui joue en supériorité numérique **profite d'un surnombre et est en mode offensif**. Il existe trois possibilités de supériorité numérique : le cinq contre quatre, le cinq contre trois et le quatre contre trois.

- **Le jeu de puissance se termine quand l'équipe en avantage numérique marque un but**. Si une équipe a deux pénalités mineures simultanément (cinq contre trois), un but met fin à une seule pénalité. Il faut que deux buts soient marqués afin de mettre un terme à la supériorité numérique.

- Certains contacts sont autorisés sur le porteur du disque. Il s'agit de **gêner l'adversaire** afin de lui faire perdre la rondelle et cela s'appelle une mise en échec. Par contre, les actions dangereuses sont sanctionnées par des pénalités et, parfois, des expulsions de match.

Mise en échec

Crédit : Christopher Halloran / Shutterstock.com

Si un joueur reçoit une pénalité majeure (cinq minutes), l'équipe adverse joue en supériorité numérique pour les cinq minutes entières. **Un but ne met pas fin à la pénalité.**

Les attaquants et les défenseurs

Jarome Iginla, attaquant des Flames de Calgary

Ligne d'attaquants célébrant un but

- **La ligne d'attaque est composée de trois joueurs** : un joueur de centre, un ailier droit et un ailier gauche. Le centre a plus de liberté de mouvement que ses ailiers et couvre plus de territoire. Il est rapide et se sert de sa vitesse pour transporter la rondelle dans la zone adverse.

- Les ailiers supportent le centre, bataillent pour la rondelle dans les coins de la patinoire et gênent la vue du gardien en se positionnant devant le filet.

- Les attaquants **coordonnent habituellement les entrées de zone offensives**. Ce sont ces joueurs qui marquent le plus souvent les buts.

- **La ligne de défense est composée de deux joueurs.** Leur rôle est d'empêcher l'équipe adverse de marquer et de relancer l'attaque. Il existe deux types de défenseurs : les défenseurs à caractère défensif, qui sont costauds et imposants, et les défenseurs à caractère offensif, qui sont plutôt rapides.

Brad Richards, attaquant de la LNH et représentant du Canada aux Jeux olympiques de Turin en 2006

L'équipement du joueur

Bâton et patins

Gardien portant une jugulaire à son masque

Crédit : Scott Prokop/ Shutterstock.com

- Les protections pour un joueur se composent d'une coquille protectrice (« **jackstrap** ») et **porte-jarretelles**, d'une **culotte**, de **jambières**, d'un **protège-cou, d'épaulières**, de **coudières**, de **gants**, d'un **maillot** de la couleur de l'équipe, d'un **casque**, d'une **visière** et d'un **protecteur buccal.**

- L'équipement a beaucoup évolué au fil du temps; les blessures causées aux joueurs ont permis de cibler les protections adéquates. Le casque, par exemple, a été rendu obligatoire seulement en 1979 dans la LNH, à la suite du décès de Bill Masterton. Celui-ci s'était durement cogné la tête contre la glace lors d'un match en 1968.

- La jugulaire (protège-cou) devint populaire auprès des gardiens après l'incident impliquant Clint Malarchuk. Celui-ci fut coupé à la gorge par la lame d'un patin ; il fut hospitalisé et reçut 300 points de suture.

Outre les patins et le bâton, un joueur de hockey porte un certain nombre de protections afin de se protéger des mises en échec et des rondelles.

Le gardien et son équipement

Crédit : Minnitre / Shutterstock.com

- Son équipement diffère quelque peu du joueur. La **paire de patins** est caractérisée par une lame plus longue et plus plate. Cela leur procure une meilleure stabilité. Le gardien a **deux gants différents** : une mitaine et un bouclier. Le premier permet d'attraper la rondelle et le deuxième est une pièce d'équipement rectangulaire avec un gant permettant au gardien de tenir son bâton et de repousser les rondelles.

- Le gardien est également équipé de **jambières**, d'une **coquille**, d'une **culotte** et d'un **plastron** qui sont toutefois plus larges et plus épais afin de bien le protéger des rondelles.

- Le **casque** ou **masque** du gardien est plus gros que celui du joueur et possède toujours une grille. Il est souvent peint aux couleurs de l'équipe ou est personnalisé par des illustrations de passe-temps, de croyances et de vedettes que le gardien affectionne.

Le gardien **défend le but de son équipe** en bloquant les rondelles dirigées vers lui afin qu'elles ne pénètrent pas dans le filet.

Crédit : Isantilli / Shutterstock.com

L'histoire du masque du gardien

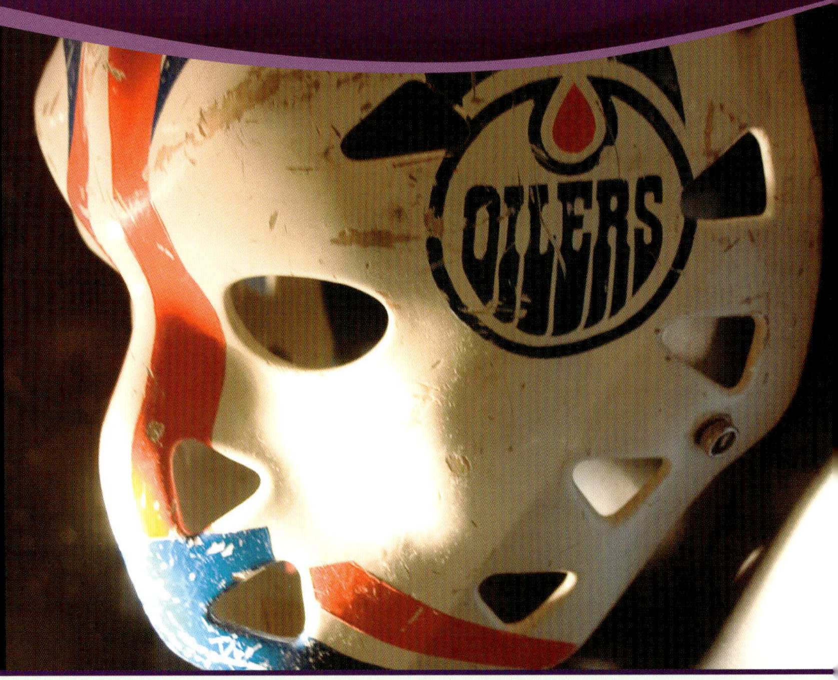

- La première personne à porter un masque lors d'un match fut Elizabeth Graham. Cette gardienne de l'équipe de l'Université Queen's, située à Kingston en Ontario, a porté un masque d'escrime en février 1927.

- À la suite d'une fracture du nez, le gardien des Maroons de Montréal de la Ligue nationale de hockey, Clint Benedict, adopta un masque de cuir afin de se protéger lors de quelques parties de la LNH en 1930. Il abandonna toutefois son utilisation prétextant que sa vue était obstruée.

- **Jacques Plante, gardien de but des Canadiens de Montréal, fut le premier à porter un masque de façon régulière et à le développer**. Blessé au visage, il commence, lors de la saison 1959-1960, à utiliser une protection de fibre de verre qui suit le contour de son visage.

- Au fil des années, le port du masque devint la norme. D'abord en fibre de verre avec une grille à l'avant, les masques se sont développés en utilisant le plastique et le kevlar. Le masque a changé la façon de jouer des gardiens : ils ont commencé à s'agenouiller sans avoir peur de subir des blessures au visage.

Crédit : Scott Prokop / Shutterstock.com

Les arbitres

Crédit : : Scott Prokop / Shutterstock.com

- Habituellement au nombre de **trois ou quatre** sur la patinoire, ils sont un ou deux arbitres principaux et deux juges de ligne. Les arbitres principaux **veillent au bon déroulement de la partie, signalent les infractions et s'assurent que la partie se déroule sans anicroche**. Les deux juges de ligne signalent les hors-jeu et les dégagements interdits.

- Ils utilisent un sifflet et 28 gestes différents afin de signaler leurs interventions.

- La Ligue nationale de hockey utilise l'**arbitrage vidéo**. C'est une aide apportée aux arbitres dans une situation litigieuse où la décision d'un officiel est controversée. Des arbitres vidéo, qui ne sont pas sur la patinoire, revoient le jeu filmé sous tous les angles possibles afin d'arriver à une décision unanime. Cela apporte une certitude en cas de doute.

Vêtus de **chemises rayées noir et blanc** et d'un **pantalon noir**, ils se déplacent à l'aide de patins et sont protégés par un casque. L'arbitre principal porte un **brassard rouge ou orange à chaque bras**.

Crédit : : Stephen Mcsweeny / Shutterstock.com

Ligue Nationale de Hockey

Gardien des Rangers de New York

Crédit : Jussi Markkanen / Shutterstock.com

Monument George Washington avec le chandail des Bruins de Boston

Crédit : Marcio Jose Bastos Silva / Shutterstock.com

- Entre 1917 et 1942, le nombre d'équipes dans la ligue varie et plusieurs font faillite en raison des grands chamboulements telles la Première Guerre mondiale, la grande dépression et la Deuxième Guerre mondiale.

- À partir de 1942, 6 équipes compétitionnent chaque année pendant 25 ans pour l'obtention de la coupe Stanley. **Les Canadiens de Montréal, les Maple Leafs de Toronto, les Blackhawks de Chicago, les Red Wings de Détroit, les Rangers de New York et les Bruins de Boston seront considérés comme les six équipes originales**.

- **En 1967, une expansion de six équipes a lieu** : Minnesota, Los Angeles, Oakland, Saint-Louis, Philadelphie et Pittsburgh représenteront la division Ouest, tandis que les six équipes originales feront partie de la division Est.

Créée en 1917, à Montréal, au Canada, la Ligue nationale de hockey (LNH) est **l'association professionnelle de hockey la plus reconnue en Amérique du Nord**. Elle regroupe des équipes du Canada et des États-Unis.

Montréal

LNH (suite)

Partie de la Ligue continentale de hockey à Yekaterinburg en Russie

Crédit : Dmitry Argunov/ Shutterstock.com

Miikka Kiprusoff, gardien des Flames de Calgary d'origine finlandaise

Crédit :Patrick Tuohy / Shutterstock.com

- **En 1971, l'Association mondiale de hockey (AMH) fait son apparition et fait concurrence à la LNH**. Elle subtilise plusieurs joueurs de la LNH, dont Bobby Hull qui se voit accorder un contrat d'un million de dollars par les Jets de Winnipeg, somme astronomique octroyée à un joueur à cette époque. Le légendaire Wayne Gretzky a d'ailleurs fait ses débuts dans cette ligue avant de jouer avec les Oilers d'Edmonton.

- **En 1979, l'AMH** se dissout et quatre équipes se joignent à la LNH. Celle-ci se retrouve à ce moment avec 21 équipes ; 9 autres s'ajouteront dans les années 1990 pour un total de 30 équipes. Elles sont réparties en 2 associations de 15 équipes et en 6 divisions de 5 équipes.

- Ayant la réputation de présenter le meilleur niveau de jeu de hockey au monde, **la Ligue nationale de hockey rivalise depuis 2008 avec la Ligue continentale de hockey**. Cette ligue professionnelle comprend des équipes évoluant en Eurasie, et principalement en Russie.

Composée majoritairement de joueurs nord-américains, la LNH comprend également plusieurs joueurs de différentes nationalités. Environ 25 % des joueurs évoluant dans la LNH sont d'origine européenne.

Brad Marchand, joueur des Bruins de Boston

Crédit : Paul McKinnon / Shutterstock.com

Système organisationnel d'une équipe de hockey de la LNH

Ryan Shannon et Jason Spezza durant un entraînement des Sénateurs d'Ottawa

Crédit : Matthew Benoit / Shutterstock.com

- Outre le **propriétaire de l'équipe**, il y a le **directeur général** qui engage le personnel d'entraîneurs, qui comprend un **entraîneur-chef, deux entraîneurs adjoints, un entraîneur des gardiens et un instructeur vidéo**. Celui-ci visionne les parties et amène aux entraînements les éléments à travailler en prévision des rencontres.

- Un **personnel athlétique**, qui comprend un gérant de l'équipement et ses adjoints, un physiothérapeute, un ostéopathe, un thérapeute sportif et un entraîneur de conditionnement physique, s'occupe de la forme physique des joueurs. De plus, un personnel médical veille à la remise en forme des joueurs après qu'ils aient subi des blessures.

- Un **département d'opérations et de communications** s'occupe de la gestion de l'équipe. Une équipe de dépisteurs recherchent de nouveaux talents à travers le monde afin d'établir une liste de noms pour le repêchage amateur qui a lieu chaque mois de juin.

Les équipes de hockey professionnelles de la LNH sont aujourd'hui des entreprises qui engrangent des millions de dollars et qui emploient plusieurs personnes. **Afin d'encadrer adéquatement les joueurs, chaque équipe doit engager des gens de différentes sphères.**

Alex Auld des Sénateurs d'Ottawa en discussion avec son entraîneur

Les statistiques

Crédit : Scott Prokop / Shutterstock.com

- **Les gardiens de but sont comparés sur les victoires, les pourcentages d'arrêt, les blanchissages et les matchs joués.**
- Toutefois, il est **difficile de comparer les joueurs du passé aux joueurs d'aujourd'hui**. La première saison (1917-1918) de la LNH comptait 22 parties comparativement aux 82 d'aujourd'hui. L'équipement, les patinoires, les bâtons et, par le fait même, les joueurs ont grandement évolué au fil du temps.
- Les dépisteurs des équipes professionnelles se **servent de ces données afin de déterminer l'ordre de sélection des joueurs en prévision du repêchage amateur annuel de la LNH**.
- **Les statistiques jouent un rôle prépondérant dans le monde du sport**. Elles servent à évaluer et à analyser les joueurs d'une année à l'autre en se basant sur les buts, les aides (assistances), les points, le nombre de matchs joués et les minutes de pénalité. Ces statistiques sont catégorisées selon la période où elles ont été accumulées : en saison régulière, en séries éliminatoires et en carrière.

Mise en jeu initiale lors d'une partie à Atlanta

Crédit : Rob Marmion / Shutterstock.com

Les vedettes de la LNH

- La Ligue nationale de hockey a eu plusieurs joueurs au talent exceptionnel dans ses rangs. Les Howie Morenz, Jean Béliveau, Maurice Richard, Bobby Hull, Stan Mikita, Gordie Howe, Bobby Orr, Guy Lafleur, Wayne Gretzky et Mario Lemieux ont marqué leurs époques respectives. Le hockey évoluant de décennie en décennie, il est difficile de dire qui étaient les meilleurs joueurs. Par contre, nous pouvons nous référer aux statistiques afin de déterminer les meneurs dans certaines catégories.

- **Wayne Gretzky domine plusieurs catégories** : ses 894 buts et 2857 points en 1487 parties jouées en saisons régulières et ses 122 buts et 382 points en 208 parties jouées en séries éliminatoires sont des sommets dans la LNH !

- Aujourd'hui, les Sydney Crosby, Alexander Ovechkin, Jonathan Toews, John Tavares, P.K. Subban, Evgeni Malkin et Steven Stamkos illuminent les patinoires de la LNH. **Stamkos est le seul joueur à avoir marqué 60 buts lors de la saison 2011-2012 de la LNH**.

Les gardiens de but Martin Brodeur et Patrick Roy se **distinguent respectivement avec 650 victoires en saison régulière et 151 victoires en séries éliminatoires.**

Martin Brodeur, vedette de la LNH et représentant de l'équipe canadienne aux Jeux olympiques de Turin en 2006

Crédit : fstockfoto / Shutterstock.com

La Coupe Stanley

Patrice Bergeron lors du défilé de la coupe Stanley en 2011

Crédit : David Persson / Shutterstock.com

Timbre canadien célébrant le 100e anniversaire de la coupe Stanley

Crédit : rook76 / Shutterstock.com

- Jadis appelée la **Dominion Hockey Challenge Cup**, la coupe Stanley est le **plus vieux trophée de tous les sports professionnels nord-américains**. Considérée comme le symbole de la suprématie du hockey, elle est décernée chaque année à l'équipe championne de la LNH.

- **Offerte en 1892 par Frederick Arthur Stanley**, gouverneur général du Canada à cette époque, elle récompensait le récipiendaire du «club de hockey champion du Dominion», soit la meilleure équipe de hockey au Canada.

- L'Association athlétique amateur de Montréal fut la première équipe méritante de la coupe Stanley en 1894. La Coupe fut disputée entre les différentes associations amateurs canadiennes jusqu'en 1908, puis entre les ligues professionnelles, dont la LNH, jusqu'en 1926. À partir de cette année, elle tomba sous le contrôle exclusif de la LNH.

- **Il existe trois exemplaires de la coupe Stanley** : l'originale, qui est conservée au Temple de la renommée du hockey, celle qui est présentée à l'équipe championne et celle servant à des fins promotionnelles.

Zdeno Chara, des Bruins de Boston, soulève la coupe Stanley en 2011

Crédit : David Persson / Shutterstock.com

Hockey féminin

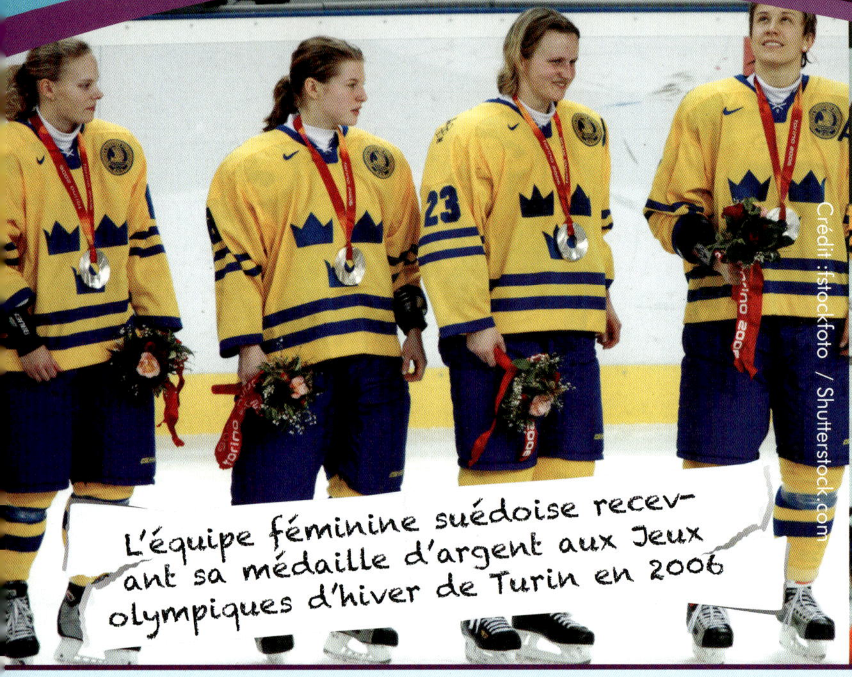

L'équipe féminine suédoise recevant sa médaille d'argent aux Jeux olympiques d'hiver de Turin en 2006

Équipes féminines s'affrontant en République tchèque

Crédit :Cray Photo / Shutterstock.com

- Plusieurs équipes féminines furent créées durant la dernière décennie du XIXe siècle. **À l'époque, les hockeyeuses étaient obligées de jouer en jupe**. La première équipe de hockey féminin fut celle de l'Université McGill, en 1894. La première ligue fut organisée au Québec en 1900 et comprenait trois équipes.

- La Deuxième Guerre mondiale perturba les activités du championnat canadien de hockey féminin. Il n'y eut aucune compétition nationale de 1936 à 1948 et de 1951 à 1960. Son retour s'effectua dans les années 1960 avec la création de quelques équipes universitaires. Des championnats canadiens régionaux s'organisèrent au cours des décennies suivantes.

- La création des championnats mondiaux de hockey féminin en 1990 et l'adhésion aux Jeux olympiques d'hiver de Nagano en 1998 ont popularisé le hockey féminin. Toutefois, la domination des équipes canadiennes et américaines lors de ces compétitions internationales est complète.

En 1920, la fille de Lord Stanley (Frederick Arthur Stanley), **Lady Isobel Stanley** donna un trophée, la Coupe Lady Meredith, afin de couronner la meilleure équipe féminine de hockey canadienne.

L'équipe canadienne de hockey, championne olympique en 2006

Hockey olympique

Alexei Kovalev de l'équipe russe

Crédit :fstockfoto / Shutterstock.com

Evgeni Malkin, vedette de la LNH et représentant de l'équipe russe aux Jeux olympiques de Turin en 2006

Crédit :fstockfoto / Shutterstock.com

- **La première apparition du hockey sur glace aux olympiades se déroule aux Jeux olympiques d'été d'Anvers en 1920**. Ensuite, la discipline a été présentée à tous les Jeux d'hiver, qui ont fait leurs débuts en 1924.

- Les Jeux olympiques de Nagano en 1998 comportent plusieurs changements importants. Le hockey féminin est admis comme discipline olympique et les joueurs de la Ligue nationale de hockey sont acceptés. Les meilleurs joueurs au monde sont maintenant réunis sous les couleurs de leurs nations respectives.

- **Les règlements du hockey joué aux Jeux olympiques sont les règlements de la Fédération internationale de hockey** sur glace et non ceux de la LNH. Les bagarres sont proscrites.

Brad Richards de l'équipe canadienne et Alexander Ovechkin de l'équipe russe

Les équipes canadiennes dominent la discipline en remportant six des sept premiers Jeux olympiques d'hiver entre 1920 et 1952. L'Union soviétique succède à cette domination en remportant sept des neuf championnats olympiques suivants.

Crédit :fstockfoto / Shutterstock.com

Les arénas

Amphithéâtre des Coyotes de Phoenix de la LNH

Crédit : Scott Prokop / Shutterstock.com

Le PNC Arena (anciennement le RBC Center), aréna des Hurricanes de la Caroline

Crédit : Andrea Catenaro / Shutterstock.com

- Toutes les équipes professionnelles de hockey de la LNH évoluent dans des arénas. Ces salles multisports servent évidemment à présenter des matchs de hockey, mais aussi des concerts et d'autres événements sportifs. **On estime à 12 heures le temps nécessaire pour refaire une patinoire après un événement autre qu'une partie de hockey.**

- **Le Centre Bell, où évoluent les Canadiens de Montréal, est l'aréna ayant la plus grande capacité parmi tous ceux de la LNH**. Il peut accueillir jusqu'à 21 273 personnes. Le Nassau Veterans Memorial Coliseum des Islanders de New York est le plus vieux et celui dont la capacité est la moindre en accueillant au maximum 16 250 personnes.

- Toutes les patinoires de tous les arénas de la LNH doivent être de la même dimension, soit 61 mètres par 26 mètres, afin d'être réglementaires.

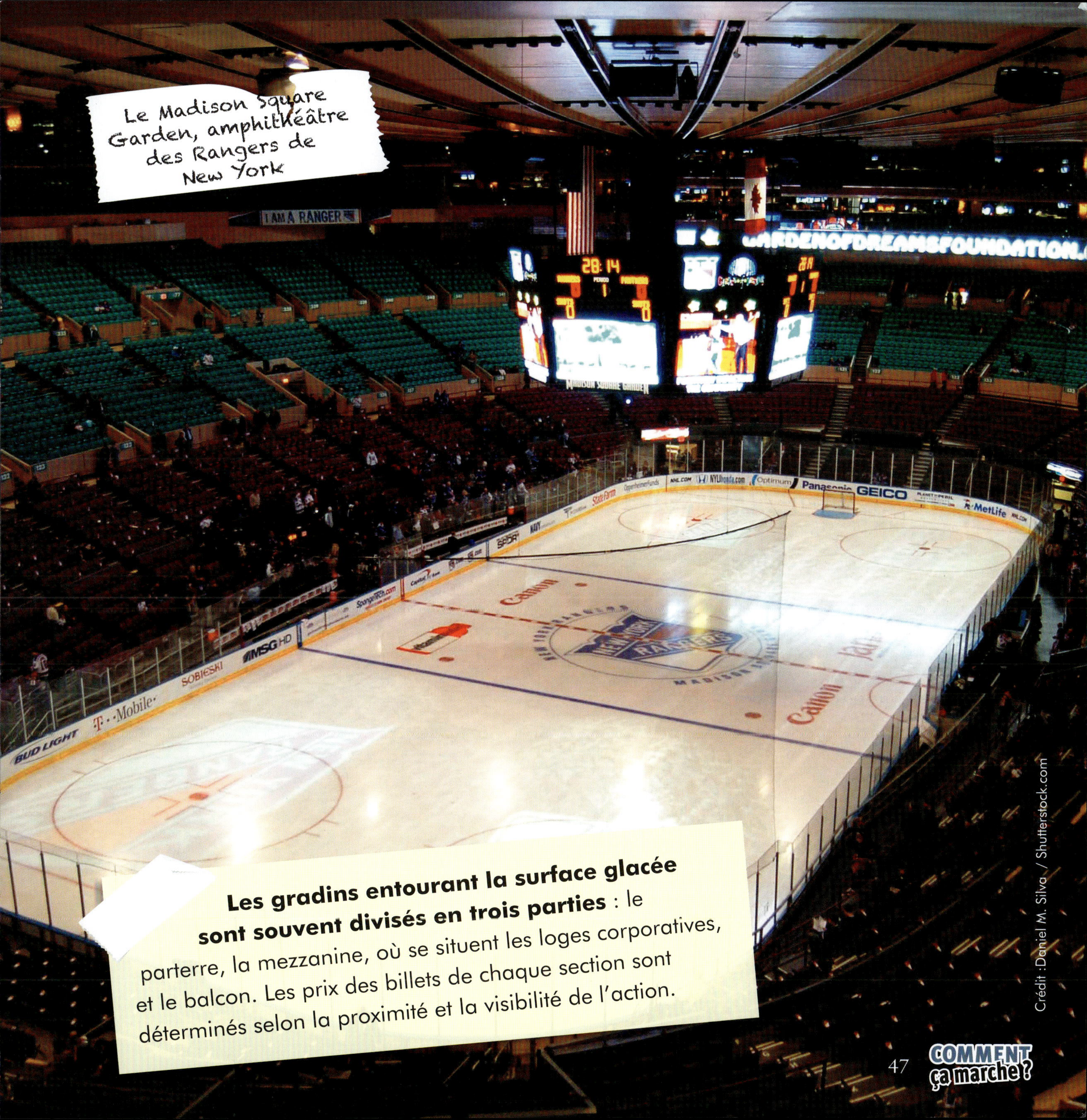

Le Madison Square Garden, amphithéâtre des Rangers de New York

Les gradins entourant la surface glacée sont souvent divisés en trois parties : le parterre, la mezzanine, où se situent les loges corporatives, et le balcon. Les prix des billets de chaque section sont déterminés selon la proximité et la visibilité de l'action.

Crédit : Daniel M. Silva / Shutterstock.com

Le hockey mineur

Match entre Halifax et Drummondville dans la Ligue de hockey junior majeur du Québec

Crédit :Matthew Jacques / Shutterstock.com

Aréna d'une équipe de la Ligue canadienne de hockey

- La Ligue de hockey junior majeur du Québec, la Ligue de hockey de l'Ontario et la Ligue de hockey de l'Ouest représentent la Ligue canadienne de hockey (LCH). Celle-ci **englobe 60 équipes basées dans 9 provinces canadiennes et 4 États américains**. La Coupe Memorial est décernée à la meilleure équipe junior canadienne après un tournoi à quatre équipes incluant l'équipe championne de chaque ligue et l'équipe hôte du tournoi.

- La Fédération internationale de hockey sur glace tient chaque année un tournoi pour les joueurs âgés de 20 ans et moins. Le Championnat du monde junior de hockey sur glace est disputé entre les 10 meilleures nations regroupant les meilleurs joueurs juniors internationaux.

- Afin d'atteindre la LNH, considérée comme la ligue offrant la meilleure qualité de jeu, il faut être repêché par une des 30 équipes lors du repêchage amateur qui a lieu chaque année au mois de juin.

Joueur de catégorie bantam

Il existe plusieurs niveaux de hockey, en fonction de l'âge et des habiletés des joueurs. Au Canada et aux États-Unis, les catégories sont **prénovice** (5-6 ans), **novice** (7-8 ans), **atome** (9-10 ans), **peewee** (11-12 ans), **bantam** (13-14 ans), **midget** (15-16 ans) et **junior** (17 à 19 ans).

Le repêchage d'entrée de la LNH

Jordan Staal, avec les Petes de Peterborough, fut repêché en 2006.

- Avant le premier repêchage amateur, les équipes professionnelles entretenaient des équipes juniors et récupéraient les meilleurs éléments. Au cours de la saison 1962-1963, Clarence Campbell, président de la LNH à cette époque, décida d'organiser un repêchage amateur afin que toutes les équipes de la LNH aient les mêmes chances de recruter de jeunes joueurs talentueux et prometteurs.

- En raison de la différence culturelle et de la longue tradition de club canadien-français, **les Canadiens de Montréal se sont vu accorder le privilège de pouvoir choisir jusqu'à deux joueurs canadiens-français à la place de leur premier choix**. Ils prendront ce privilège lors des repêchages de 1968 et 1969. À partir de 1969, la règle change. Afin de se prévaloir de ce privilège, les Canadiens devront avoir l'accord de toutes les franchises de la LNH ; cette occasion ne s'est jamais représentée.

- De 1963 à 1984, tous les repêchages amateurs annuels ont été effectués à Montréal et les 10 premiers à l'hôtel Le Reine Élizabeth. Depuis 1984, ils ont lieu dans différentes villes de la LNH.

Curtis Hamilton fut le deuxième choix des Oilers d'Edmonton lors du repêchage d'entrée de la LNH en 2010.

Le repêchage d'entrée de la LNH permet à des joueurs des ligues amateurs juniors ou universitaires de partout à travers le monde de se faire repêcher par l'une des 30 équipes. **Il a lieu une fois par année à la fin de la saison**. L'ordre de sélection est déterminé par un tirage au sort et par les résultats de la saison précédant le repêchage.

Crédit : Scott Prokop / Shutterstock.com

Les Canadiens de Montréal

- De son nom officiel **« Club de hockey Canadien »**, les Canadiens de Montréal est une franchise de hockey professionnel fondée en 1909. Elle est la plus vieille équipe de hockey au monde à être toujours en activité, et ce, sans interruption. Elle a aussi comme surnom le « Bleu-blanc-rouge » et le « Tricolore ». Elle s'appela « Club athlétique canadien » de 1909 à 1917.

- Son apparition est due à l'**idée d'exploiter commercialement la rivalité entre les anglophones et les francophones de Montréal**. Le Club de hockey Canadien avait la spécificité d'avoir dans ses rangs presque uniquement des joueurs francophones. Jean-Baptiste « Jack » Laviolette fut chargé de recruter des francophones afin de rivaliser avec les Wanderers du quartier anglophone McGill College de Montréal.

- Durant les six saisons suivantes, ils s'établirent sur l'avenue Mont-Royal à l'aréna Mont-Royal. Puis, le 29 novembre 1924 eut lieu le premier match des Canadiens au Forum de Montréal, leur nouveau domicile. Ils y resteront jusqu'en 1996 et **remporteront 22 des 24 coupes Stanley de leur histoire**. Plusieurs rénovations eurent lieu au Forum afin d'augmenter la capacité originale de 9 300 personnes en 1924 à 16 200 personnes en 1968. Depuis 1996, les Canadiens jouent au Centre Bell, le plus grand amphithéâtre de la LNH, au centre-ville de Montréal.

Quartier Westmount à Montréal

Plusieurs arénas ont accueilli les prouesses des joueurs des Canadiens. **L'aréna Jubilée, situé dans le quartier Hochelaga, présenta le tout premier match du Canadien en 1909**. À partir de 1910, l'équipe élut domicile pendant huit saisons à l'aréna Westmount dans le quartier du même nom. L'endroit fut détruit par un incendie et le Canadien retourna jouer à l'aréna Jubilée pour une saison.

Centre-ville de Montréal

Les Canadiens de Montréal (suite)

Vieux-Montréal

Statue de Maurice Richard

- **Les premières vedettes furent Georges Vézina, Newsy Lalonde, Joe Malone, Howie Morenz, Aurèle Joliat, Hector «Toe» Blake et Bill Durnan.** Ils ont tous remporté la coupe Stanley dans les premières décennies du club et ont été nommés les «fantômes du forum». En effet, les succès du Canadien à domicile ont engendré le mythe que des fantômes les aidaient à remporter la victoire.

- Dans les années 1950, 1960 et 1970, les Maurice Richard, Jean Béliveau, Émile «Butch» Bouchard, Henri Richard, Guy Lafleur, Jacques Plante, Doug Harvey, Dickie Moore et Bernard «Boum Boum» Geoffrion contribuèrent à une récolte de 16 coupes Stanley. On désigne ces années comme l'époque glorieuse du Tricolore.

- **Depuis 1980, seulement deux coupes Stanley se sont ajoutées au palmarès des Canadiens** : en 1986 et en 1993. Le principal artisan de ces deux championnats fut Patrick Roy. Gardien recrue en 1986, il mena, contre toute attente, les Canadiens à la victoire.

Partisans des Canadiens avant un match des séries éliminatoires en 2008

Avec 24 coupes Stanley, les Canadiens de Montréal sont l'équipe la plus titrée de la LNH et plusieurs vedettes ont levé cette coupe dans le maillot tricolore.

Crédit meunierd / Shutterstock.com

Les joueurs marquants du Canadien

Montréal durant l'hiver

Joueur suédois effectuant un lancer frappé

- **Maurice Richard, surnommé « le Rocket », fut le premier joueur à marquer 50 buts en 50 parties** lors de la saison 1944-1945. Plusieurs événements contribuèrent à son mythe, dont le match où il a inscrit cinq buts et trois passes le 28 décembre 1944 après une journée éreintante de déménagement.

- **Bernard Geoffrion a transformé l'art de frapper une rondelle : il est le père du lancer frappé**. Avant cette révolution, les joueurs utilisaient seulement les lancers du poignet et les lancers du revers pour diriger les rondelles vers le filet.

- **Guy Lafleur, alias « le Démon blond », est le premier joueur à inscrire 50 buts en une saison durant 6 saisons consécutives**. Il faisait partie des « Flying Frenchmen », un trio d'attaquants comprenant aussi Jean Béliveau et Yvan Cournoyer.

- Dans l'histoire moderne du Canadien, certains joueurs furent plus marquants. Patrick Roy, Saku Koivu, Vincent Damphousse, José Théodore et Alex Kovalev sont de ceux-là.

Mike Ribeiro et Alex Kovalev des Canadiens de Montréal en 2005

Crédit : Ryan Morgan / Shutterstock.com

La popularité du hockey aujourd'hui

Joute de hockey en Autriche

Crédit : Eric Fahrner / Shutterstock.com

Joueurs suédois finalistes du Championnat du monde 2011

Crédit : haak78 / Shutterstock.com

- Aujourd'hui, le hockey jouit d'une popularité indiscutable dans son pays d'origine, le Canada. **On recense 650 000 hockeyeurs et hockeyeuses au Québec seulement**.

- Étant l'un des quatre sports professionnels en Amérique du Nord, **le hockey est le sport national des Canadiens**. Il y a trois joueurs canadiens pour chaque joueur américain dans la LNH et 25 % des joueurs sont d'origine européenne.

- Aux États-Unis, bien qu'il soit le sport professionnel le moins populaire, il reste très important dans les États du Nord-Est, du Midwest et en Alaska. Il est aussi populaire que les autres sports professionnels dans certaines villes comme Boston, New York, Chicago, Détroit, Pittsburgh et Philadelphie.

En Europe, le hockey est le sport le plus populaire en Finlande et l'un des sports les plus pratiqués dans plusieurs pays comme la Suède, la Norvège, la Suisse, la Russie, la Biélorussie, la République tchèque, la Slovaquie et l'Allemagne.

L'équipe finlandaise, championne du monde en 2011

Crédit : haak78 / Shutterstock.com

Les autres ligues dans le monde

Sandis Ozolinsh, ancien joueur de la LNH (1992-2008) qui joue maintenant pour le Dinamo Riga dans la KHL

Équipe AK Bars de la KHL

- **La Suède a sa propre ligue qui se nomme Elitserien**. Douze équipes se disputent ce championnat suédois qui existe depuis 1975. Cependant, le championnat élite de Suède existe depuis 1921.

- **Le championnat de hockey finlandais s'appelle SM-Liiga** . Fondée en 1975, cette ligue comprend 14 équipes, tout comme le championnat de hockey de la République tchèque qui s'appelle Extraliga. Créé en 1993 de l'ancienne première division tchécoslovaque, le championnat tchèque est classé comme étant le troisième championnat en importance en Europe.

- **Le championnat suisse a pour nom National League** (anciennement Ligue Nationale A) et est actuellement classé deuxième championnat européen. Il a été créé en 1938 et contient 12 formations. Le hockey est le sport le plus populaire en Suisse avec le football européen.

Joueurs du SKA Saint-Pétersbourg de la KHL

Crédit : Argunov / Shutterstock.com

Outre la LNH, il existe plusieurs autres ligues professionnelles de hockey dans le monde. **La Ligue continentale de hockey (KHL) a remplacé la Superliga russe en 2008**. Elle est la deuxième meilleure ligue au monde et comporte quelques joueurs en fin de carrière qui évoluaient dans la LNH. Elle est composée de 24 équipes : vingt de Russie, une du Kazakhstan, une de Biélorussie, une de Slovaquie et une de la Lettonie.

Les différents types de hockey dans le monde

Des joueurs de bandy en Russie

Crédit : Pukhov Konstantin / Shutterstock.com

Hockey sur gazon

Crédit : 3777190317 / Shutterstock.com

- **Le *bandy* est un sport collectif russe et ancêtre du hockey**. Originaire de l'Angleterre, il se joue à l'aide d'une crosse et d'une petite balle de liège de couleur orange. Les joueurs sont munis de patins et se disputent la victoire sur une patinoire durant 2 périodes de 45 minutes.

- **Le hockey sur gazon** se joue sur un terrain de gazon de 91,4 mètres par 55 mètres. Les joueurs s'échangent une balle de plastique avec des crosses durant 2 périodes de 35 minutes. Cette discipline a longtemps été dominée par l'Inde qui a remporté six médailles d'or olympiques entre 1928 et 1956.

- Le hockey en salle s'est développé dans les années 1950 afin de permettre la pratique du hockey sur gazon durant l'hiver. Il se joue sur un terrain de handball de 40 mètres par 20 mètres. Ce jeu, qui oppose deux équipes de six joueurs, a les mêmes règles que le hockey sur gazon avec quelques adaptations. Au Québec, le hockey en salle est souvent appelé « hockey cosom » et est joué à l'aide d'un bâton de hockey avec une palette de plastique et d'une balle de plastique ou de cuir.

D'origine irlandaise, le *hurling* se joue avec une crosse appelée « hurley » ou « caman ». Sport gaélique, il se joue à 15 contre 15 avec une balle appelée « sliotar » sur un terrain de gazon de 140 mètres par 80 mètres. Les règles diffèrent du hockey sur gazon et les contacts sont permis.

Crédit : Sandra A. Dunlap / Shutterstock.com